日本三大船神事

# ホーランエンヤ

## 令和元年(2019)ガイド

# はじめに――令和元年ホーランエンヤ

日本三大船神事の一つ、松江市の「ホーランエンヤ」が、10年ぶりに5月18日から開かれます。特に今回は、令和元年の記念すべき年で、関係者の意気込みはひとしおです。日程は、18日に城山稲荷神社（松江市殿町）から阿太加夜《あだかや》神社（同市東出雲町）まで神輿船で御神霊を遷《うつ》す「渡御祭」、阿太加夜神社で7日間の大祈とうと、22日の「中日祭」、阿太加夜神社に安置された御神霊を城山稲荷神社へおかえしする「還御祭」が26日にあります。

ホーランエンヤは、同市の大橋川と意宇川を舞台にして行われる絢爛《けんらん》豪華な船神事です。正式には「松江城山稲荷神社式年神幸祭」と言います。松江松平初代藩主・松平直政が松江に入府して10年目の慶安元年（１６４８）、城山稲荷神社の御神霊を神輿にうつして、約10キロ離れた阿太加夜神社に船で運び、五穀豊穣《ほうじょう》を祈願したのが始まりとされます。ホーランエンヤの名前は、櫂伝馬船《かいでんません》の櫂を操る際の音頭取りと櫂かき（こぎ手）が調子を合わせて唄った、掛け合いの言葉が由来となっています。

神輿船の引き船を務める櫂伝馬船は、「五大地」といわれる馬潟、矢田、大井、福富、大海崎の五地区から繰り出します。船上で櫂を操り勇壮に踊る「剣櫂《けんがい》」や鮮やかな布を付けた棒を振って踊る女形役者「采《ざい》振り」が見どころです。約１００隻の大船行列は圧巻で、水都・松江を彩る時代絵巻として注目を集めています。宮島（広島県）の管絃《かんげん》祭、大阪天満宮（大阪市）の天神祭とともに日本三大船神事に挙げられます。

本書では、松江市出身の俳優・佐野史郎さんのホーランエンヤに寄せる思いや五大地の取り組みなどを紹介。祭典アラカルトも盛り込んでいます。なお、写真の多くは前回（平成21年）のホーランエンヤ時に撮影したコマを使用しました。

令和元年５月１日

山陰中央新報社文化事業局出版部

## 目　次

# 切実な願い共有する　心の底からの神事

## 佐野史郎さんに聞く

ホーランエンヤア、ホーランエンヤア……。５月の薫風に乗って大橋川に響き渡る歌、勇ましく見えを切る少年、一糸乱れぬ櫂さばき。10年ぶりとなるホーランエンヤの季節が松江にやってくる。豊作や安寧を願う人々の思いが、令和の時代へとつながる伝統を紡いできた。松江市出身の俳優・佐野史郎さん（64）は「古代の人々の切実な願いを共有するきっかけを与える神事だ」と、３７０年にわたって続く歴史の核心を語る。

（聞き手は山陰中央新報社地域報道部・陰山篤志）

### ――ホーランエンヤの思い出は。

「中学生のころに開催されたはずだが、当時は知らなかった。デビュー映画『夢みるように眠りたい』の公開を控えた昭和60年（１９８５）に初めて見た。これまでに訪れた3回はいつも天気が良く、にぎわいがすごかった。交際中だった妻と見たこともある。剣櫂の舞いや歌の素晴らしさを感じただけでなく、天災に見舞われて豊作を願った人々の思いを考えると、ただのお祭り騒ぎではないと知った。心の底からの神事であり、切実なものだと伝わった」

### ――多くの人の手によって伝承されてきた。

「松江には朝酌など出雲国風土記の地名が残っている。風景や文化が伝承されていくことは大切なことだ。かつて秋田県の八郎潟が干拓されたというニュースがショックで、宍道湖もそうなるのかなと恐怖したことがある。昭和、平成、令和を生きる者として、１００年、２００年後にふるさとの風景が変わるとすれば寂しい。大切に伝承されてきたホーランエンヤは、どういう時間の単位でものを見るべきかを考えさせてくれる。ホーランエンヤをきっかけに３７０年前に感覚を移し、どう生きれば、古代や未来の人に喜んでもらえるのかという感覚を持つことができれば、もう少し争いも減るのではないか」

佐野　史郎（さの・しろう）

松江市出身の俳優。平成4年（1992）、テレビドラマ「ずっとあなたが好きだった」で過保護な母親の息子・冬彦を演じて話題になった。近作に、大河ドラマ「西郷どん」、テレビドラマ「限界団地」、同「石つぶて」など。小説やエッセーでも才能を発揮している。小泉八雲作品の朗読を続けるなど、山陰の歴史、文化への造詣が深い。

**――きらびやかさに目がいきがちだが、死に直結する飢饉を危ぶんだことが、神事の背景にある。**

「戦争や災害など、人は逃れられないものを覚悟して生きていかないといけないところがある。だから神事が必要だった。救いの儀式だからこそ廃れなかったのだろう。中には救われなかった人もいたはずだ。だが、子孫が語り継いでくれれば、救われる部分がある。（生き残った）周りの人たちが抱く後ろめたさも救われる。悲惨な出来事を救いの場にするのが神事なのだろう」

**――暗い部分にも目を向けることが大事だ。**

「5月の気持ちの良い時期にある祭事は美しくあでやかだが、その向こうにいる救われなかった人々を思い、事実にふたをしないことで亡くなった人も救われる。過ぎ去りし者にアクセスする身体感覚を共有できるのが、ホーランエンヤだろう」

**――今年も観覧する。**

「楽しみだ。自分自身、残された人生で何ができるのかを考える時間になるかもしれない」

一番船

馬潟《まかた》

# 「い一」に誇りと名誉

馬潟の櫂伝馬船《かいでんません》に記されている「い一」の文字。「いのいち」と読む。文化5年（1808）、風雨の中、松江城山の神社の神霊を宿した神輿船が阿太加夜神社（松江市東出雲町出雲郷）に向かっていたところ、三角波が起きやすいとされる馬潟の沖合で危険な状態に陥った。近くの漁師が「いの一番」に駆けつけて難を救った歴史を言葉が伝える。馬潟だけに許される紫に染められた高貴なのぼりとともに、櫂伝馬踊り発祥の地の自負がにじむ。

「い一」に誇りと名誉がある。腹に据えて、胸に持って本番に臨む」。伝統・ホーランエンヤ馬潟地区櫂伝馬の矢田浩総代表（63）が強調する。

馬潟の漁師の功績がなければ、ホーランエンヤが現在のように壮麗で大規模になっていたかは疑問だ。沈没でもしていれば、存続していたかすら分からない。「藩からは、ねぎらいの酒か金一封が贈られたのではないか」。歴史をつづった「松江のホーランエンヤ」の著者のひとりである松江工業高等専門学校の島田成矩名誉教授は推測する。

以来、神輿船の最も近いところで護衛する栄誉にあずかる。

◇　◇

歌舞伎風の装束で見えを切る剣櫂《けんがい》や、女性の姿であでやかに舞う采振《ざいふ》り、お囃子の太鼓。ホーランエンヤの華である櫂伝馬踊りの歴史も、さかのぼれば馬潟にたどりつく。危難を救った際の喜びから、漁師が櫂を振ったのが剣櫂などの原型とされる。弘化4年（1847）ごろ、重蔵という船頭が新潟で別の踊りを知り、ゆかりがあった馬潟の漁師に伝えた。原初的な感情の表現に、新潟の洗練された踊りが相まって、現在の形へとつながったと考えられる。

伝統があるからこそ、責任ものしかかる。「馬潟は一番じゃないといけん」。船の責任者である伝馬頭取を2度務

「いー」が誇りの馬潟櫂伝馬船

め、「ミスターホーランエンヤ」の異名を取り、昨年5月に77歳で亡くなった松江市馬潟町の松尾衛尚さんは口癖のように言った。「踊りの美しさだけでなく、いろいろな意味で一番であれということだろう」。息子で、伝馬頭取を今回務める和夫さん（49）は言う。

◇　◇

神輿船は大橋川から中海を経て意宇川へと進む。たどり着いた阿太加夜神社で出雲地方の五穀豊穣と繁栄が7日間、祈られる。

つなげた神輿船を接岸させるのが、馬潟の櫂伝馬船にとっての重要な役目だ。幅の狭い意宇川で、全長15メートルの櫂伝馬船を操舵して無事に岸に着ける。乗組員の技量に目が注がれる場面だ。和夫さんは「馬潟だけができることであり、安全にお着けするのが使命」と表情を引き締める。

発祥の地の心意気を胸に櫂伝馬船に乗る54人の練習が続く。櫂を握る手のまめは硬さを増し、伸びやかな歌と太鼓、踊りの息もぴたりと合ってきた。「これが馬潟の櫂伝馬か、さすがだ、そう言われるように努めたい」。矢田さんが言葉に力を込めた。

二番船

# 矢《や》田《だ》

# 水上に朗々と響く伝統の「唄」

「ホーランエーエ、ヤーサノサ」

4月中旬、小学生から60代までの38人を乗せた矢田櫂伝馬船から聞こえる伸びやかな歌声が、大橋川に響き渡った。「今日は風がないけん、いつも以上にきれいに聞こえるわ」と、松浦哲次総代長（63）は満足げだ。ただ「まだ矢田の唄になっていない。本番までにしっかり仕上げないと」と表情を引き締めた。

ホーランエンヤを支える五大地の一つ矢田地区の初参列は、文政元年（1818）からと言い伝えられ、馬潟地区に次ぐ「二番船」として歴史がある。櫂伝馬船の先端には鳥のくちばしのような独特の飾りがあり、大海原を帆走し、富を築いた北前船を模したとされる。

何より評判を集めるのは水上に響く「唄」だ。取り仕切る音頭取りの歌声に導かれ、櫂かきたちの朗々とした声が追い掛けるように続き、聞く者をうならせる。「矢田の唄」の伝統は、住民らによって脈々と受け継がれてきた。

「唄」の出来栄えは、船を進める櫂かきの一体感や、花形である剣櫂と采振りの踊りの調子を左右する。陸上ではうまく歌えていても、風吹く野外、不安定な船上で、しかも櫂をこぎながら、声を合わせることは容易ではない。

◇　◇

この日の練習では、前回平成21年（2009）のホーランエンヤで音頭取りを務めた松浦辰彦さん（67）が訪れ、じっと耳を傾けた。節回しの1カ所に不安定な部分を見つけ「練習するごとに上手になっているんだけどね。伝承の難しさを感じる」とつぶやいた。

「本番まであとわずか。唄の節回しをもっと意識してほしい」。練習を終え、船を下りたメンバーに、松浦総代長から喝が飛んだ。

その言葉を厳しい表情で聞くメンバーがいた。今回の音頭取りを務める川上雅治さん（42）と浅野秀明さん

（53）だ。

川上さんは松江市西尾町在住で、矢田地区で初めて町外からの音頭取りとなった。前回のホーランエンヤは櫂かきとして参加。ひときわ目立つ伸びやかな歌声が松浦総代長の心をつかみ、今回は音頭取りに抜擢された。川上さんは「矢田の唄を引っ張って行かなければと身が引き締まる思い」と話す。

浅野さんは、前回に引き続き音頭取りを担当。「唄の練習に参加したら血が騒いでしまい、総代長に志願した」と笑う。歌うことに没頭した前回と違い、今回は川上さんのサポートという役割も加わる。「次の世代を育てるつもりで頑張りたい」と意気込む。

◇　◇

練習を開始して間もない昨年11月、松浦総代長は2人にCDを手渡した。収録されているのは、昭和33年（1958）と昭和44年（1969）のホーランエンヤで披露された「矢田の唄」。力強く、張りのある先代らの歌声に2人は奮い立つとともに、歴史の重みを感じ取った。

矢田地区は世帯数が少なく、町外在住者がメンバーの過半数を占める。「この先はどうなるか分からない。だが、矢田の唄を守っていかんといけん」。気を引き締めるように、松浦総代長は言い切った。

矢田地区の音頭取りを務める川上雅治さん（左）と浅野秀明さん（左から２人目）

三番船

大井《おおい》

# 独特な「櫂さばき」の妙技

威勢のいい歌声を合図に、櫂かきが一斉に体を後方に反らす。大井櫂伝馬の独特の動きの一つ「寝櫂《ねがい》」。水中から持ち上がった櫂が、ハの字型に広がる一糸乱れぬ動きは圧巻だ。櫂かきを担当する野津洋介さん（37）は「櫂がずれやすいのでまずは焦らないことが重要。起き上がるときもしっかり固定したまま、バラバラにならないよう意識する」とコツを語る。

このほかにも、船べりから櫂を外し、水中に突き刺す「棹《さお》さし」や、水上で素早く切り返す「早櫂《はやがい》」など、櫂さばきの技はバラエティーに富む。ムードメーカーの野津愉一さん（40）は「等間隔に櫂がそろったときの美しさを見てほしい」と誇らしそうだ。

72世帯、約300人が暮らす大井地区。ホーランエンヤを支える五大地の船行列の真ん中の「三番船」を務め、華やかな祭りの中で「櫂さばき」の妙技がひときわ注目を集める。

◇　◇

船の両端で踊る剣櫂と采振りという花形も、魅せる動きを意識する。

剣櫂は一度も定位置から足を動かすことなく、天や地を突く動作を見せる。務める野津祥作さん（22）は、力強い動きを意識。「決めるべきところでキレの良さを見せたい」と意気込む。

采振りは女性らしい柔らかなしぐさが目を引く。担当する野津昴三さん（28）は「采を手足のようにしなやかに扱い、色っぽさをあらゆる場面で表現できれば」と語る。

水上で響き渡る唄の節回しも特徴的だ。調子が尻上がりで「エーエーラララァノランラン」と、徐々に音程が上がっていき、声をうまく合わせないと独特の味わいが出ない。音頭取りの野津隆幸さん（42）は「尻上がりの調子の中でも低い声を意識して、高低をつけることが大切。櫂かきの歌を引き出し、一体感を生み出したい」と意気込む。

体を傾けて「寝櫂」の練習に取り組むメンバー

皆が魅せる演技を意識するからこそ、メンバー同士のチームワークが何より大切になる。

大井地区にはメンバーの気持ちを一つにする独特の動作がある。「大井櫂伝馬、手用意」との掛け声で、船に乗る全員が構え、「ホーラ」の合図で手をパンパンとたたいた後、「イェイ」と親指を立てる。練習の前や調子が上がらないときに、雰囲気を変えるために行う。愉一さんは「さまざまな世代が一緒に船に乗っていて、なかなか難しいこともある。中堅が率先して声を出し、一致団結していきたい」と語る。

◇　◇

野津照雄総代長（66）は、これまでの練習について「まだまだレベルアップしないといけない」とした上で、「剣櫂と采振りに勢いがある。あとは櫂かきの動きがそろえば、大井の演技ができる」と見据える。メンバーが一体となって、持ち味を十分に発揮した櫂伝馬船の出航はまもなくだ。

四番船

福《ふく》富《とみ》

# 「原点回帰」の黒い船体

日が落ちた大橋川に「黒い」船体が姿を現す。前部に記された白い文字は平仮名で「ふくとみ」とある。神事を支える五大地のうち「四番船」を務める福富地区の櫂伝馬船には今回、黒と白の塗装が施された。

新しい元号「令和」で迎える初めてのホーランエンヤ。社会環境が変化していく中で、伝統をいかに伝えていくべきか考えた同地区の答えが「原点回帰」というスローガンだ。

「黒色」の船体は、船行列が堀川を進んだ最後の祭りの、昭和33年（1958）以来となる。「福富がなぜホーランエンヤに参加したのか。それは、五穀豊穣を祈り、地域を豊かにしたかったからではないか」と、稲場久和総代（64）。「黒い船は地味かもしれないが、初心に帰って祭りに臨みたいという我々の思いだ」と語る。

◇　◇

船行列は同年まで堀川から連なり、以降は大橋川に舞台を移した。船は大型化し、それに伴い、競い合うように見栄えを意識して装飾の華やかさが増していったという。

櫂伝馬船は馬のごとく物を運ぶ船で、漁船ではない。かつて同地区に運搬船はなかったため、地区外から船を譲り受けて参加していた。船体の黒色は、使い古された船を浸水から守るために施されたコールタールの色だったと推測される。

「原点回帰」の今回は、黒い船体に合わせて櫂や柱の色も白黒に統一。船の縁には、昭和44年（1969）を最後に消失したひし形の模様を復元した。模様は古い神社や寺に見られる「釘隠《くぎかくし》」をかたどったものだ。

一方で、地元で作り手がいなくなったわらじなどの小道具は外注に頼り、準備にかかる負担を減らした。ただ、五大地で唯一、同地区が船に掲げる矢車や日の丸など、福富らしさを伝える「原理原則」は徹底して守ることを

福富の櫂伝馬船。黒い船体が「原点回帰」を象徴する

誓う。

◇　◇

福富地区は現在30世帯で、人口は約100人。男性はほぼ全員が参加し、櫂伝馬船には10歳から70代後半までの36人が乗り込む。役員たちは一人何役もこなしてメンバーを支え、吉原隆夫副総代（52）は「大変だが、本番の達成感は大きいはず」と力を込める。

仕事の休日が異なるなど、メンバー全員が練習にそろうことは難しく、現役を退いた高齢者が櫂かきの穴を埋める。稲場英司副総代（51）は「代わりがいないというのは大変だが、地区全体が『なんとかやっていかないといけない』という思いが強いので円滑にできている」と話す。櫂かき14人のうち、祖母が福富に住むなど地区にゆかりのある協力者が3人担っているのも心強い。

少子高齢化が進み、移ろいゆく時代の中でどうやって伝統を守っていくのか。「無事にやり遂げ、地域の安寧をみんなで願いたい」と、稲場総代は意気込む。

## 五番船

# 大海崎《おおみさき》

# 先陣切っての踊りに意気込み

「先頭船」の旗を掲げる大海崎櫂伝馬。ホーランエンヤでは、今か今かと待ち構える大観衆を前に、船団の先陣を切って踊りや唄を披露する。

大海崎地区は、神事を支える五大地の中で最東端に位置する。馬潟の漁師が神輿船を助けたことが発端となった文化5年（1808）のホーランエンヤから40年後に参加。五大地に最後に加わったため、後方に位置する神輿船から最も離れた五番船となり、五大地の先頭を担うことになった。

「われわれの出来栄えが祭り全体を左右する。1番手として恥ずかしくない演技を見せたい」と、古藤弘巳総代長（65）は意気込む。

◇　◇

大海崎の踊り手・剣櫂は、黒を基調とした厳かな衣装が特徴だ。青や赤色など華やかな他の五大地の衣装とは異なり、黒紋付きに紅白のたすき。デザインを変えず、伝統を守り続ける。

古藤総代長によると、かつらや衣装が似ているため歌舞伎の登場人物「児雷也《じらいや》（自来也）」がモデルではないかと言い伝えられているという。児雷也は、中国宋代の小説に出てくる神出鬼没の怪盗。日本では江戸時代の歌舞伎や読本などに登場し、蝦蟇《がま》の妖術を使う義賊として定着した。

踊りも特徴的だ。他の五大地の剣櫂は両足を左右に開いたまま、剣櫂を振るのに対し、大海崎は片足を後ろに引いた後に高く振り上げて踏み込む動作を入れる。古藤総代長は「踏み込んでから見えを切ると、より迫力が出る」とし、祭りを先導する心意気を示した動きとみる。

剣櫂を務めるのは前回は采振りだった古藤一馬さん（26）と古藤拓海さん（25）。剣櫂は波や風が強いと足元が不安定になり、バランスを保つのが難しい。一馬さんは「どんな状況でも変わらず踊り抜きたい」とし、拓海さんは「観客が最初に目にするのが大海崎の踊り。メリハリを効かせた迫力ある動きを見せたい」と意気込む。

はやし役の太鼓には、両手のばちで二、八、十を形づくり、ポーズを決める伝統的な所作がある。

古藤総代長の4代前の先祖、助四郎さんが宮島の厳島神社（広島県廿日市市宮島町）に立ち寄った際に見習った太鼓のたたき方を、安政6年（1859）のホーランエンヤで披露したのが最初という。

太鼓を担当する朝酌小4年の古藤彩稀くん（9）は「昔の人がつないできた太鼓の技を身に付けて、10年後には師匠として教えられるように頑張って練習したい」と頼もしい。

メンバーは地区内の住民を中心に70歳から9歳までの44人。「他の地区には負けまい」と先頭船としての誇りを胸に1月から室内練習を始め、3月からは船上で週4日汗を流す。

「どんなにつらくても、神事だから絶対に成功させなければ」と古藤総代長は決意。本番へ向け、メンバーは自分の役割に一層の磨きをかける。

右足を高く上げ踏み込む大海崎の剣櫂の古藤一馬さん（右）

# 五大地

松江市の大橋川河口周辺にあり、櫂伝馬船を繰り出す馬潟、矢田、大井、福富、大海崎。文化5年（1808）、神輿船が馬潟沖で嵐のため難破寸前となったが、当時の馬潟村の漁師たちが引き船を務めて、無事送り届けたのが始まりという。以後、10年ごとに矢田以下が順次加わり、「五大地」と呼ばれる5地区編成になった。神輿船を真っ先に引くのは馬潟、その次は矢田と順序は今も昔のままだ。

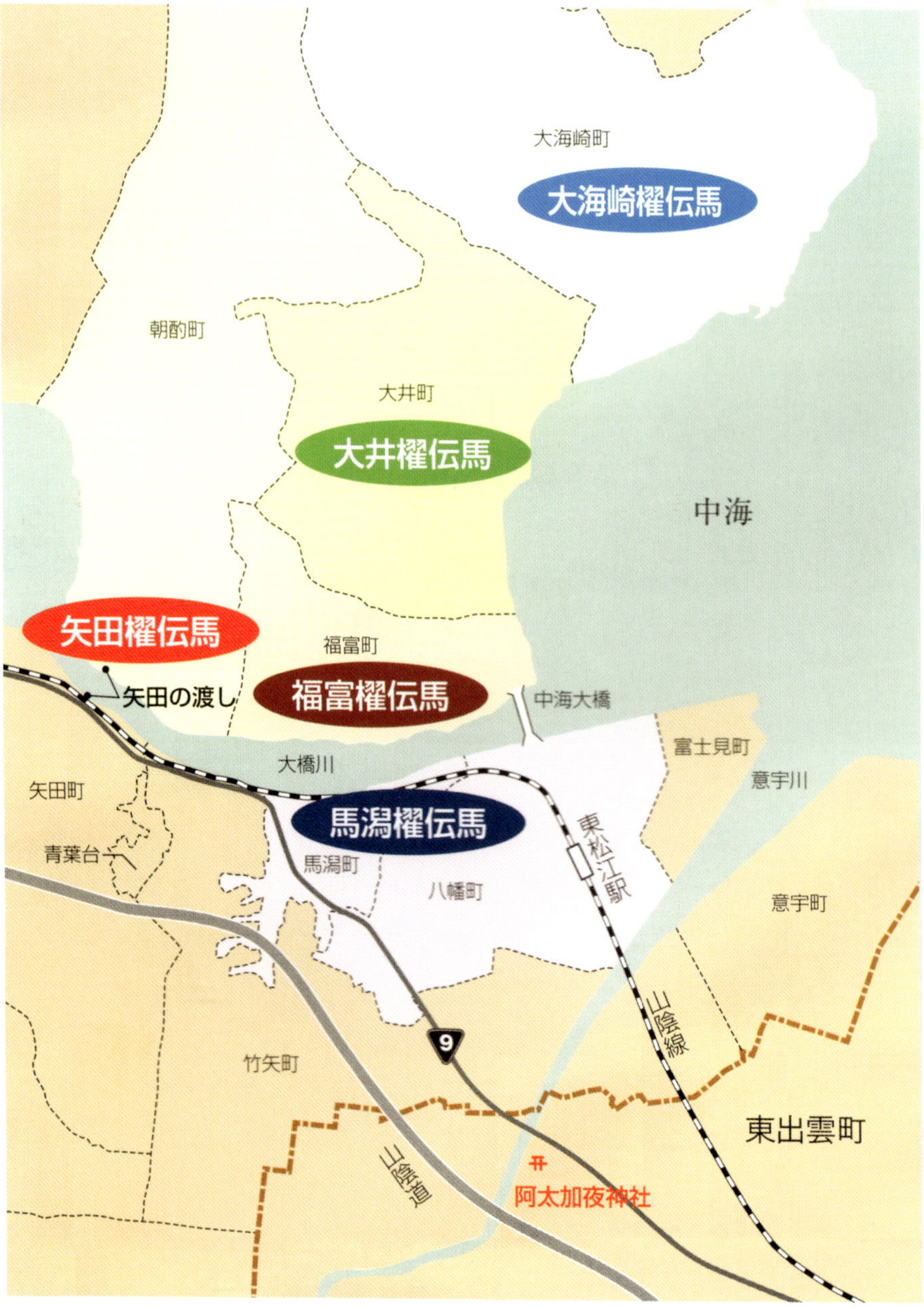

## 馬潟

### 剣櫂、采振りの衣装

ピンクと黒色の組み合わせが美しい。
采振りは鬘《かつら》を着けず、白鉢巻を背に垂らして赤い女衣装を引き立たせる。

### 馬潟組の唄

【出船】
音頭　エーサンエーエエ
　　　ヨヤサーノサー
櫂　　サノエーエエ　ヨヤサーノサー

【進航】
音頭　ホラホサァーノサー
　　　エヤホーエイヤー
櫂　　ホーラホーサァーノサー
　　　エヤホーエーヤー
音頭　ヤンサンハーエー
　　　ヤサソーランエーエ
　　　ヤサソーランエー
櫂　　ヤンサンハーエー
　　　ヤサソーランエーエ
　　　ヤサソーランエー

【踊り唄】
音頭　ホー　オオエンヤ
櫂　　ホーランエーエ　ヨヤサノサ
　　　エーララノランラ

【早櫂】
音頭　ヤッショイ　エエショイ
櫂　　ホーランエンヤ　エエショイ　エエショイ

【流し櫂】
音頭　ヤサーソーエー
櫂　　ヤァサーソーランエー

【棹唄】
音頭　ヨイトサッセヤッシンヨー
櫂　　ヨイトサッセヤッシンヨー

【接岸着船】
音頭　エーサンエーエ　ヨヤサーノサー
櫂　　サーノエーエ　ヨヤサーノサッサ
　　　ホーランエンヤ　ホーランエンヤ

（湖都松江17号・伝統の継承「ホーランエンヤ」より転載）

## 矢田

### 剣櫂、采振りの衣装

剣櫂は青系、采振りは青系と赤系で、ともに落ち着いた模様の衣装。緑色と白色の横綱も特徴だ。

### 矢田組の唄

【船出準備唄】
音頭　エーエサァンエー
櫂　エンヤーエーエヨヤサァーノサ
音頭　ホーラ
櫂　ヤンサーノエーエエェ
　ヨヤサァーノサ

【船の進航・櫂掻き踊り唄】
音頭　ホーォオオーエンヤ
櫂　ホーォランエーエ
　エヤサァーノサ
　エーララノランラ
　（繰り返し）

【船の進航】
音頭　ホーラホーサアァノサアア
　エヤァホーエエェヤ
櫂　ホーラホーサアノサアア
　エヤァホーエエェヤ
　（繰り返し）

【船の進航・流し櫂】
音頭　ヤアンサァァノオオエー
　ヤサヤーノオエー
　ヤサァソーランエー
櫂　ヤアンサァァノオオエー
　ヤサヤーノオエー
　ヤサアソーランエー

【船の進航を急ぐ時・早櫂】
音頭　ホラホー
櫂　エンヤラエー
音頭　ヤレソー
櫂　エンヤラエー
　（音頭取りは音調文句を替える。櫂掻きはエンヤラエーの音調を続ける）

【浅瀬で棹をさすとき】
（櫂を利用して船ばたを叩いて音を出す）
音頭　ヨイトサアセ　ヤッシンヨイ
櫂　ヨイトサアセ　ヤッシンヨイ
　（繰り返し）

【船の後進の場合また帰着入船の場合】
音頭　ホーランエンヤ
櫂　ホーランエンヤ
　（繰り返し）

【逆行して帰着したら】
音頭　ホーラ
櫂　ヤンサーノエーエエエ
　ヨヤサァーノサッサ
　（櫂びきから櫂を抜いて櫂先を船に音をたてて立てる）

（湖都松江17号・伝統の継承「ホーランエンヤ」より転載）

# 大井

## 剣櫂、采振りの衣装

剣櫂、采振りともピンク系主体と青系主体の色違いの衣装がある。金色化粧回しがはなやかである。

## 大井組の唄

【船出唄】

音頭　エーサァンエー　エヤァンエー
　　ヨヤァサノーサ
櫂　　サノーエーエ
　　ヨヤァーサノサー
音頭　ホォーラ
櫂　　ヤァサノエーエー
　　ヨヤァサァノサッサ

【普通進航】

音頭　ホーラホオーサァノサァー
　　エヤァーホォーエェーヤ
櫂　　ホーラホォーサァノサァー
　　エヤァーホォーエェーヤ
音頭　ホォーラ
櫂　　ヤッサノエーエー
　　ヨヤァサァノサッサ

【踊り唄】

音頭　ホーオオエーヤ
櫂　　ホーランエーエ　ヨヤァサノサ
　　エーエーララアノランラ

【早櫂】

音頭　ハアヤァンサーノーエ
櫂　　ヤサヤーノーエー
　　ヤサホーランエー

【寝櫂】

音頭　ヤーアンサーァァ
　　ホーオーオエー
櫂　　ヤーサーホーラァァエー
　　ハアヨーイトサッサ

【棹さし唄】

音頭　ヨーイトサセ　ヤッシンヨイ
櫂　　ヨーイトサセ　ヤッシンヨイ

【逆櫂】

音頭　ホーランエヤ　ホーランエヤ
櫂　　ホーランエヤ　ホーランエヤ

（湖都松江17号・伝統の継承「ホーランエンヤ」より転載）

## 福富

### 剣櫂、采振りの衣装

剣櫂、采振りとも黄色と赤色、紫色の組み合わせがユニーク。紅白の横綱が鮮やかだ。

### 福富組の唄

【出船】
音頭　エーサンエー
櫂　エーヤンエーエヤサノサ
音頭　サァーノ
櫂　エーエ　ヨヤサノサ

【踊り唄】
音頭　ホーオオエンヤ
櫂　ホーランエーエ　エヤサァノサ
エーエーララアノランラ

【進航】
音頭　ホーラホォーサノサァ
エヤホーエンヤ
櫂　ホーラホォーサノサァ
エヤホーエンヤ

【流し櫂】
音頭　ヤンサーホーエー
櫂　ヤサホーランエー
ヤサソーランエー

【櫂を利用して棹をさす時】
音頭　ヨイトサッセ　ヤッシンヨイ
櫂　ヨイトサッセ　ヤッシンヨイ
（調子を合せて船べりを櫂で打ち、音を出す）

【後進または帰港の時】
音頭　ホーランエーヤ
櫂　ホーランエーヤ

【接岸したら】
音頭　ヤンサノエーエ　エヤサノサッサ

（湖都松江17号・伝統の継承「ホーランエンヤ」より転載）

# 大海崎

## 剣櫂、采振りの衣装

剣櫂は黒紋付の衣装が男らしさを際立たせる。采振りの黄色い衣装との相性も良い。

## 大海崎組の唄

【出船】
音頭　ホーラァンエー　エヤサノサ
櫂　サノエェーエ　エヤサノサッサ

【前進】
音頭　ホラホーサーノサァーエヤホーエンヤ
櫂　ホラホーサノサァーエヤホーエンヤ

【踊り唄】
音頭　ホォーホエンヤ
櫂　ホーランエーエ　エヤサノサ
　エーエラーノランラ

【早櫂】
音頭　ヤーンサノエー
櫂　ヤサホーランエー
　ヤサホーランエー

【流し櫂】
音頭　ヤァーンサアーホーオーエー
　ヨイトサッサ　ヤァンサー
櫂　ホーランエー　ヨイトサッサ

【棹櫂】
音頭　チョイトサァッセエー
　ヤッシンヨイ
櫂　チョイトサァッセー
　ヤッシンヨイ

【止唄】
音頭のみ　サッサノエーェーエヤサノサッサ（1本）

（湖都松江17号・伝統の継承「ホーランエンヤ」より転載）

## 剣《けん》櫂《がい》

船首に陣取る男装の花形役者。歌舞伎風の鮮やかな化粧と、腰に相撲の横綱を模したしめ縄、化粧まわしで着飾り、剣をかたどった長さ1㍍ほどの剣櫂を自在に操り勇壮に踊る。

## 采《ざい》振《ふ》り

船尾の酒樽の上に立ち、長襦袢や友禅などの色鮮やかな衣装を身にまとう女姿の花形役者。采と呼ばれる鮮やかな布を付けた竹の棒を両手に持ち、体を反らせながら天空めがけて華麗に振る踊りが見どころ。

采振り

剣櫂

## 櫂《かい》伝《でん》馬《ま》船《せん》

神様の乗った神輿船をお供しお守りする船。馬潟が最大の長さ約15㍍、幅約3㍍。伝馬長の指揮で運行し、櫂かきが高らかに歌いながらこぐ。「早助」とも呼ばれる先端の水先案内が、竹ざおを手に針路や浅瀬、間隔を見張る一方、船尾ではかじ取り役の「練櫂」が大型で平たい櫂を操る。

勢ぞろいした櫂伝馬船

今回のホーランエンヤは初日の5月18日の渡御祭で始まり、22日の中日祭、26日の還御祭で幕を閉じる。

## 城《じょう》山《ざん》稲荷《いなり》神社《じんじゃ》

松江藩の松平家初代藩主・松平直政が創建した神社。慶安元年（１６４８）、出雲国は大凶作の危機に見舞われ、これに心を痛めた直政は、城山稲荷神社の神職を兼務していた阿太加夜神社の神主のもとへ城山稲荷神社の御神霊を船でお運びし、長期にわたる豊作を祈らせた。これがホーランエンヤの始まり。

城山稲荷神社の御神霊を遷した神輿を、大橋川まで運ぶ陸行列

## 渡《と》御《ぎょ》祭《さい》

城山稲荷神社での祭典後、御神霊を陸行列で大橋川河畔へお運びし、神輿船に移して阿太加夜神社までお運びする。４つの大橋の間では、色とりどりの装飾の５隻の櫂伝馬船が、勇壮華麗な櫂伝馬踊りを奉納する。約１００隻の大船団は阿太加夜神社に向かい、到着地の意宇川で再び櫂伝馬踊りを奉納した後、御神霊は阿太加夜神社に安置される。７日間にわたる大祈とうが行われる。

大勢の観客の前で踊りを披露しながら大橋川を進む櫂伝馬船

## 中日祭《ちゅうにちさい》

7日間にわたる大祈とうの中日に、意宇川から阿太加夜神社周辺で繰り広げれるお祭り。櫂伝馬船の踊り手たちが、車輪の付いた長さ9～11メートル、幅2・5メートルの陸船に乗り換え、船上で櫂伝馬踊りを披露しながら町内を行列。櫂かきは陸船の引き手に変身し、五大地の先導役はおたふくやひょっとこの面を着けて彩りを添える。陸船行列が阿太加夜神社に到着すると、五大地が代わる代わる櫂伝馬踊りを奉納する。

阿太加夜神社付近の陸路を引かれて進む櫂伝馬船

ひょっとこも登場

声を張り上げて唄う音頭取り

## 還御祭《かんぎょさい》

阿太加夜神社に安置されていた御神霊が、渡御祭とは逆の経路をたどって城山稲荷神社にお帰りになる。五大地の人々は再び櫂伝馬船を繰り出し、絢爛豪華な船行列でお供をし、大橋川で櫂伝馬踊りを披露する。その後、陸行列で城山稲荷神社を目指し、五大地が同神社の境内でそれぞれ納めの踊りを奉納し祭典を締めくくる。

神輿を担ぎ阿太加夜神社を出発する陸行列

再び大橋川に帰ってきた櫂伝馬船と神輿船

城山稲荷神社の境内で納めの踊りを奉納し、祭典を締めくくる

## 渡御祭 【令和元年５月18日（土）】

| 時 刻 | 行事内容 |
|---|---|
| 8:30 | 松江城山稲荷神社祭典開始 |
| 9:20 | 御神輿陸行列出発<br>御神輿船団集合（権現灘）<br>阿太加夜神社船団集合（くにびき大橋東）<br>櫂伝馬船集合（宍道湖大橋南詰東側） |
| 10:00 | 御神輿陸行列到着（松江大橋北詰桟橋） |
| 10:05 | 御神輿乗船<br>櫂伝馬踊奉納開始（大橋川） |
| 12:40 | 櫂伝馬踊奉納終了 |
| 13:25 | 船団編成、出発（くにびき大橋東側） |
| 14:10 | 船団解除（馬潟沖）、意宇川自走 |
| 15:10 | 全船到着（出雲郷橋）<br>神輿船移動（櫂伝馬踊奉納場所へ）<br>櫂伝馬踊奉納開始 |
| 15:40 | 櫂伝馬踊奉納終了、御神輿陸行列出発 |
| 16:00 | 御神輿陸行列到着（阿太加夜神社）<br>祭典開始 |
| 17:00 | 祭典終了 |

## 櫂伝馬船

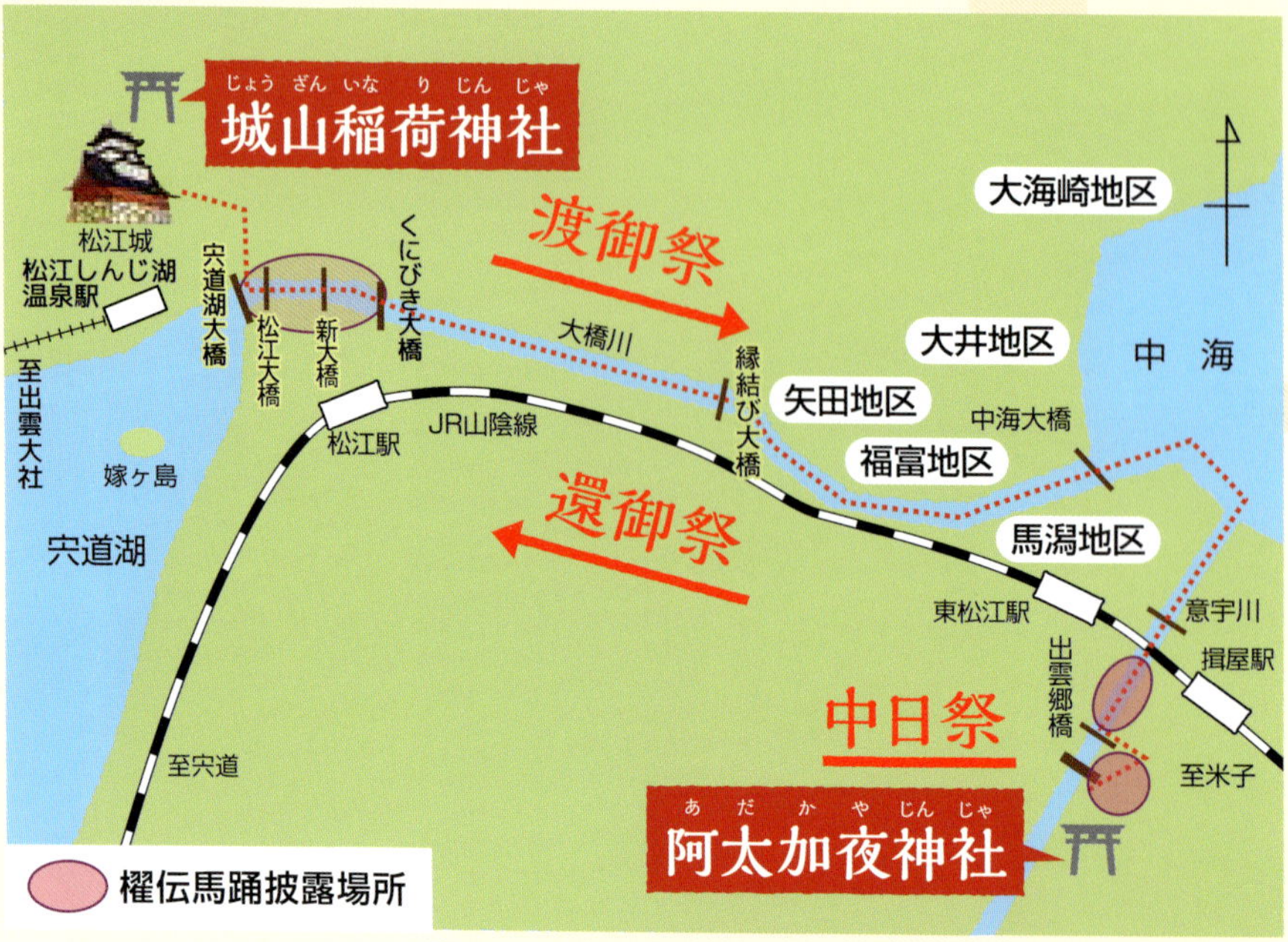

## 中日祭 【令和元年 5 月 22 日（水）】

| 時 刻 | 行事内容 |
|---|---|
| 10:00 | 祭典開始（阿太加夜神社） |
| 10:50 | 祭典終了 |
| 11:30 | 櫂伝馬船集合（出雲郷橋） |
| 11:40 | 櫂伝馬踊開始（出雲郷橋付近） |
| 12:10 | 櫂伝馬踊終了、上陸・陸船準備 |
| 13:10 | 陸船行列出発、陸船櫂伝馬踊開始 |
| 14:30 | 陸船櫂伝馬踊終了<br>陸船行列到着（阿太加夜神社）<br>櫂伝馬踊奉納開始（神社境内） |
| 15:30 | 櫂伝馬踊奉納終了 |
| 16:00 | 祭典終了 |

## 還御祭 【令和元年 5 月 26 日（日）】

| 時 刻 | 行事内容 |
|---|---|
| 8:00 | 祭典開始（阿太加夜神社） |
| 8:30 | 祭典終了 |
| 9:00 | 御神輿陸行列 出発（阿太加夜神社）<br>神輿船団、阿太加夜船団、<br>櫂伝馬船団集合（出雲郷橋） |
| 9:30 | 御神輿陸行列到着（出雲郷桟橋） |
| 9:35 | 櫂伝馬踊奉納開始（出雲郷橋付近） |
| 10:05 | 櫂伝馬踊終了（馬潟沖へ移動） |
| 10:50 | 全船馬潟沖にて船団編成開始 |
| 11:05 | 船団編成完了、出発（馬潟沖） |
| 12:20 | 櫂伝馬踊奉納開始（大橋川） |
| 14:45 | 櫂伝馬踊奉納終了 |
| 15:00 | 御神輿陸行列出発（松江大橋北詰桟橋） |
| 15:25 | 櫂伝馬陸行列出発（松江大橋北詰） |
| 15:40 | 御神輿陸行列到着（城山稲荷神社） |
| 15:45 | 祭典開始（城山稲荷神社） |
| 16:30 | 祭典終了 |
| 17:05 | 櫂伝馬陸行列到着（城山稲荷神社） |
| 17:10 | 櫂伝馬踊奉納開始（境内） |
| 18:00 | 櫂伝馬踊奉納終了<br>松江城山稲荷神社式年神幸祭全日程終了 |

【お問い合わせ】 ホーランエンヤ櫂伝馬踊・船行列については **伝統・ホーランエンヤ協賛会**
〒 690-0874　島根県松江市中原町 5 松江市役所第 2 別館 4F
TEL 0852-24-1112 ／ FAX 0852-24-1113

松江城山稲荷神社式年神幸祭については **松江城山稲荷神社式年神幸祭奉賛会**
〒 690-0826　島根県松江市学園南 1 丁目 2-1 くにびきメッセ 3F
TEL 0852-67-2633 ／ FAX 0852-67-2634

本書の刊行に際し、次の関係機関からご協力をいただきました。記して感謝いたします。

松江市　松江市文化協会　城山稲荷神社　阿太加夜神社
馬潟櫂伝馬　矢田櫂伝馬　大井櫂伝馬　福富櫂伝馬　大海崎櫂伝馬
松江城山稲荷神社式年神幸祭奉賛会　伝統・ホーランエンヤ協賛会
松江歴史館　松江ホーランエンヤ伝承館

日本三大船神事
**ホーランエンヤ** 令和元年（2019）ガイド

令和元年（2019）5月13日初版発行

編　　集　山陰中央新報社
発 行 者　松尾　倫男
発 行 所　山陰中央新報社
〒690－8668　松江市殿町383
電話　0852－32－3420（出版部）
印　　刷　武永印刷㈱
製　　本　日宝綜合製本㈱

ISBN978-4-87903-228-7　C0021　￥463E